MEDITAÇÕES

Excertos de Cartas dos Mestres de Sabedoria

Compilação de
Katherine A. Beechey

MEDITAÇÕES
Excertos de Cartas dos Mestres de Sabedoria

Tradução
Sociedade Teosófica no Brasil

Editora Teosófica
Brasília-DF

Título do Original em Inglês:
Meditations – Extracts From Letters of the Masters of the Wisdom

The Theosophical Publishing House,
Chennai, Madras. 600020 – India

EDITORA TEOSÓFICA
SGAS, Quadra 603, Conj. E, s/nº,
70.200-630 Brasília, DF — Brasil
Tel.: (61) 322-7843
Fax: (61) 226-3703
E-mail: st@stb.org.br
Sites: www.editorateosofica.com.br
www.stb.org.br

B414

MEDITAÇÕES

Excertos de Cartas dos Mestres de Sabedoria

Comp. Katherine A. Beechey

Brasília, 2003

ISBN 85-85961-73-2

Assunto: 1. Teosofia
2. Ocultismo

CDD 130

Capa:
Marcelo Ramos
Diagramação:
Reginaldo Alves Araújo
Revisão:
Ricardo Lindermann
Zeneida Cereja da Silva

Sumário

O MANTRA DA UNIDADE

Ó vida oculta que vibras em cada átomo,
Ó luz oculta que brilhas em cada criatura,
Ó amor oculto que tudo abranges na unidade,
Saiba todo aquele que se sente uno contigo
Que ele é, por isso mesmo, uno com todos os outros.

Annie Besant

Prefácio da Segunda Edição

Para maior conveniência de alguns que vierem a usar estas *Meditações,* resolvi, nesta segunda edição, que a virtude da Autoconfiança incidisse em outubro em lugar de janeiro, conservando, para as outras qualidades, a mesma seqüência da edição anterior. Como os meses não têm todos número uniforme de dias, isso obriga a alguns acréscimos e subtrações nas citações; quanto ao mais o livro permanece inalterado.

Katherine A. Beechey
fevereiro de 1950

Introdução

Todos que estudaram as *Cartas dos Mestres de Sabedoria,* já publicadas, devem ter percebido que as sugestões e instruções nelas contidas têm aplicação muito mais geral do que especificamente às pessoas e aos discípulos a quem se endereçaram. Ao selecionar estes excertos das *Cartas,* tive em vista, primariamente, utilizá-las para minha própria meditação. A seguir veio o desejo de partilhá-las com um amigo. E sinto-me agora feliz com a oportunidade de ampliar meu círculo de amigos, para que eles participem desses ensinamentos, bem como todos que procuram trilhar o Caminho da Santidade pela linha da devoção aos Mestres de Sabedoria.

Os excertos são tomados das seguintes fontes:

I O *Maha Chohan,* Carta não assinada, constante de *Cartas dos Mestres de Sabedoria**, Primeira Série.

II. O Velho Gentil-homem, Mestre assim denominado por H. P. B. "Narayan", conhecido na Índia como o Rishi Agastya, nas *Cartas dos Mestres de Sabedoria*, Segunda Série.

---

* *Cartas dos Mestres de Sabedoria, Primeira e Segunda Séries,* 1996, C. Jinarajadasa, Editora Teosófica.

III. S., O Mestre Serapis, das *Cartas dos Mestres de Sabedoria,* Segunda Série e *Old Diary Leaves,* vol. 1.

IV. M., O Mestre M. . . das *Cartas dos Mestres de Sabedoria,* Primeira Série, (4.a Edição) e Segunda Série e *Cartas dos Mahatmas Para A. P. Sinnett**.

V. K. H., O Mestre K. H. das *Cartas dos Mestres de Sabedoria.* Primeira Série, (4.a Edição) e Segunda Série. *O Mundo Oculto*** de A. P. Sinnett; as *Cartas*

---

* Editora Teosófica, 2001.

** Editora Teosófica, 2000.

dos Mahatmas Para A. P. Sinnett e uma a W. Q. Judge, citada por Clara Codd no *The American Theosophist,* de junho de 1948.

VI. H., O Mestre Hilarião das *Cartas dos Mestres de Sabedoria,* Segunda Série.

VII. *Mensagem de um Irmão Mais Velho, aos membros da S. T.* Convenção do Jubileu da S.T., Adyar, 1925.

VIII. *Lucifer,* janeiro de 1888. *Algumas Palavras Sobre a Vida Diária* (Escritas por Mestre de Sabedoria).

IX. *Ocultista Eminente* – Notas de K. H. a um tratado de Eliphas Levi.

Katherine A. Beechey
junho de 1949

✧✧✧

Nota

Os excertos de autor desconhecido serão referenciados no livro pelo número romano de sua fonte acima. (N. ed. bras.)

Janeiro

ALTRUÍSMO

Por que ser egoísta? Se há coisas a aprender, coisas a ver, coisas que é bom saber para o futuro do homem, por que não proporcionar a outrem igual oportunidade?

M.

1. Esforçai-vos em direção à Luz, todos vós, bravos guerreiros da Verdade, porém não deixeis penetrar o egoísmo em vossas fileiras, pois somente o altruísmo abre todas as portas e janelas do Tabernáculo interior e as conserva descerradas.

K. H.

2. 'Tão pouco especialmente nos interessa que alguém trabalhe para nós a não ser com inteira espontaneidade. Necessitamos de corações sinceros e despidos de egoísmo, de almas intrépidas e confiantes.

K. H.

3. Ao redor de vós existem conhecidos, amigos e consócios – dentro e fora da S. T. (...) mostrai-lhes a *Luz,* encaminhai-os à senda, ensinai-os, sede missionários de amor e caridade; e assim, ajudando a outrem, ganhareis vossa própria salvação.

K. H.

4. A nosso ver, as mais altas aspirações pelo bem-estar da humanidade tingem-se de egoísmo, se, porventura, na mente do filantropo, bruxulear sombra do desejo de benefício próprio ou tendência a praticar injustiças, mesmo que estas coisas para ele só existam inconscientemente.

K. H.

5. Nenhum de nós vive para si próprio; todos vivemos para a humanidade.

S.

6. Vivemos agora no meio de um povo em conflito, povo obstinado e ignorante, que procura conhecer a verdade, mas é incapaz de encontrá-la, pois cada qual a busca somente para proveito e satisfação pessoais, sem um pensamento para outrem.

M.

7. Auxiliai vosso irmão necessitado e sereis ajudado em virtude da nunca falível e sempre ativa Lei de Compensação.

S.

8. Todos temos que nos libertar do nosso ego, o aparente e ilusório eu, para reconhecermos nosso verdadeiro Eu numa vida transcendental e divina. Para não sermos, porém, egoístas, devemos esforçar-nos para que outras pessoas vejam essa verdade, reconheçam a realidade desse Eu transcendental, o Buda, o Cristo ou Deus de todo pregador.

O MAHA CHOHAN

9. H. S. O. e H. P. B. (...) possuem essa qualidade (perdoai a eterna repetição a que sempre voltamos) que só tão raramente temos encontrado em outros – O ALTRUÍSMO – e uma ardorosa

disposição para o auto-sacrifício pelo bem de outrem; que "multidão de pecados" não apaga isso!

K. H.

10. Esquecei o eu trabalhando para os outros – e a tarefa se tornará para vós leve e fácil. (VIII).

11. Nós (...) procuramos levar os homens a sacrificarem sua personalidade – lampejo passageiro – pelo bem de toda a humanidade e, portanto, pelo de seus próprios Egos* *imortais* que dela

* O termo "Ego" é aqui empregado como sinônimo de "alma" e não no sentido dado pela psicologia moderna. (N. ed. bras.)

fazem parte, pois a humanidade é uma fração do todo integral, em que um dia ela se tornará.

K. H.

12. Egoísmo e carência de auto-sacrifício são os maiores impedimentos na senda do Adeptado.

K. H.

13. O primeiro objetivo da S. T. é a filantropia. O verdadeiro teosofista é um filantropo – "não para si próprio, mas para o mundo em que vive".

K. H.

14. Tendes desinteressadamente trabalhado, e com grande proveito,

tanto para o vosso país quanto para a boa causa. E nós vo-lo agradecemos.

M.

15. Quanto à natureza humana, em geral, é hoje a mesma que foi há um milhão de anos: preconceito baseado no egoísmo; falta geral de vontade de abandonar uma ordem estabelecida de coisas, por novos moldes de vida e pensamento – e o estudo oculto exige tudo isso e muito mais; orgulho e obstinada resistência à Verdade se esta se chocar com sua anterior noção das coisas – tais são as características da vos-

sa época, especialmente das classes média e baixa.

K. H.

16. Quando os antigos fundadores de vossas escolas filosóficas vieram ao Oriente, para adquirir o saber de nossos predecessores, só preencheram o único requisito de uma sincera e altruísta fome de verdade.

K. H.

17. O mundo obscureceu a luz do verdadeiro conhecimento, e o *egoísmo* não permitirá sua ressurreição, pois ele exclui e não reconhece a integral filiação de todos aqueles que nasceram sob a mesma e imutável lei natural.

M.

18. Um grupo de estudantes das Doutrinas Esotéricas, que pretenda colher, espiritualmente, quaisquer proveitos, deve manter-se em perfeita harmonia e unidade de pensamento. Cada qual, individual e coletivamente, tem que ser *integralmente altruísta;* gentil e cheio de boa vontade pelo menos em relação a cada um dos outros – sem falar na questão da humanidade; não deve existir entre os do grupo espírito de partidarismo, murmurações, má vontade, inveja, despeito, vaidade ou cólera. O que fere a um deve ferir os outros – o que regozija a A deve encher de prazer a B (....) tal o estado em absoluto

exigido por nossas Regras e Leis.

M.

19. Amigo, acautela-te do Orgulho e do Egoísmo, duas das piores armadilhas para os pés daquele que aspira a ascender aos altos caminhos do Conhecimento e da Espiritualidade.

K. H.

20. Natureza humana tornada vil pelo *egoísmo*, pondera bem estas poucas palavras; desarraiga toda a causa do mal que possas pensar, percorre-a até as origens e terás solucionado *um terço* do problema do mal.

K. H.

21. O Ocultismo não é a aquisição de poderes ou a busca da felicidade, porque o seu primeiro passo é o Sacrifício, e o seu segundo, a Renúncia.

K. H.

22. O que constitui o verdadeiro teosofista, não é o propósito determinado e individual de atingir o Nirvana (culminância de todo conhecimento e sabedoria absoluta), o qual, afinal, não passa de um *egoísmo* exaltado e glorioso, mas sim a busca, com auto-sacrifício, dos melhores meios de conduzir o próximo ao caminho correto, e fazer com que o maior

número de nossos semelhantes dele se beneficie.

O MAHA CHOHAN

23. Estão fadados ao desapontamento os homens que se filiam à Sociedade Teosófica com o propósito único e egoísta de alcançar poderes, fazendo da ciência oculta seu único ou principal escopo – isto, mesmo que a ela não se filiem.

M.

24. Há, porém, indivíduos que, sem exteriormente manifestarem qualquer traço de egoísmo, são intensamente egoístas em suas internas aspirações espirituais. Esses

seguirão o caminho por eles escolhido, com os olhos fechados aos interesses de todos, exceto o deles próprios, nada vendo fora do estreito caminho cheio de sua própria personalidade. Achamse tão inteiramente absorvidos na contemplação de sua suposta "retidão", que jamais coisa alguma lhes parece correta fora do foco de sua própria visão, deturpada pela complacente contemplação de si mesmos e de seu julgamento do bem e do mal.

K. H.

25. Ele tem trabalhado altruisticamente pelos seus semelhantes através da Sociedade Teosófica

e está tendo sua recompensa, embora nem sempre se aperceba disso.

K. H.

26. O escopo do filantropo deveria ser a iluminação espiritual de seus semelhantes; e, quem quer que trabalhe desinteressadamente com esse objetivo, coloca-se, necessariamente, em comunicação magnética com nossos *chelas* e *com nós mesmos.*

K. H.

27. Sua clarividência é um fato; sua escolha ao discipulado é outro. Por mais bem dotado que seja fí-

sica e psicologicamente para responder a essa *escolha,* a não ser que se mostre possuidor do altruísmo físico e espiritual, o *chela*, quer escolhido quer não, tem que perecer como *chela* durante o longo percurso.

K. H.

28. Sublimemente *altruísta,* ele imerge sua personalidade na causa, sem olhar para os desconfortos nem para o vilipêndio pessoal injustamente assacado contra ele.

K. H.

29. Apenas percebestes até agora a luz de um novo dia – Podereis, se o tentardes, ver com a ajuda

de K. H., o Sol do pleno meio-dia, quando ele atinge o meridiano. Tendes, porém, que trabalhar para isso: trabalhar pela difusão da luz em outras mentes, através da vossa.

M.

30. Será que vós, ou antes, eles jamais verão o verdadeiro significado e explicação dessa grande tempestade de desolação que tombou sobre a nossa pátria e ameaça todas as outras – a vossa em primeiro lugar? O *egoísmo* e o *exclusivismo* mataram a nossa; também o egoísmo e o exclusivismo matarão a vossa.

M.

31. Deveis viver com e para os outros homens, não para vós e convosco.

K. H.

Fevereiro

COMPAIXÃO

O dever do filantropo é trabalhar com a onda e ajudar seu impulso para diante.

K. H.

1. Pois a "humanidade" é que é a grande Órfã, a única deserdada sobre esta terra, meu amigo. E é dever de todo homem capaz de um impulso altruísta fazer algo, por pouco que seja, em prol do seu bem-estar.

K. H.

2. Pobre, pobre humanidade! Faz-me lembrar a velha fábula da guerra entre o Corpo e seus membros: também nesse caso cada membro dessa imensa "Órfã" – sem pai nem mãe – cuida egoisticamente só de si mesmo. O corpo desprezado sofre eternamente, quer os mem-

bros estejam em guerra ou em repouso.

K. H.

3. Seu sofrimento e angústia jamais cessam. (...) E quem pode censurá-la – como o fazem vossos filósofos materialistas – se nesse perpétuo isolamento e negligência, ela descobriu deuses a quem "clama sempre por auxílio sem ser escutada!..."

"Já que *somente no homem* há esperança para o homem, não [illegible]arei clamar em vão alguém [illegible] eu possa salvar!"

K. H.

4. O homem que não coloca o bem da humanidade acima de seu próprio bem não é digno de se tornar nosso *chela* – não é digno de se elevar, em conhecimento, acima do seu próximo.

M.

5. "Compete (...) à magia humanizar nossas naturezas com a compaixão" para toda a humanidade como para todos os seres viventes, em lugar de centralizar e limitar nossas afeições a uma raça predileta; no entanto, poucos de nós (exceto os que conquistaram a negação final de *Moksha**),

* Libertação da roda de nascimento e mortes. (N. ed. bras.)

puderam até agora se libertar da influência de suas relações terrenas a ponto de não ser suscetíveis, em diversos graus, aos prazeres, às emoções e aos interesses mais elevados da jornada comum da humanidade.

K. H.

6. Vós vos orgulhais de não serdes "patriota": *eu não;* pois aprendendo a amar seu país, aprende-se a amar ainda mais a humanidade.

K. H.

7. Exteriorizai as diviníssimas emanações do *Atma* procedentes do Deus-Sentimento, o amor do homem mortal por seu semelhante em sua mais alta expressão espi-

ritual, e concentrando-os (...) encontrai (...) meios de beneficiar a humanidade pela aplicação prática dos *Sephirotes* do Amor, da Misericórdia, da Justiça, da Divina Caridade e da ilimitada Auto-Abnegação.

S.

8. Embora ninguém deva esperar agradecimentos por cumprir seu dever para com a humanidade e a causa da verdade – porque, no fim de tudo, trabalhar para outrem é trabalhar para si próprio – entretanto, meu Irmão, sinto-me profundamente grato pelo que fizestes.

K. H.

9. Até que a emancipação final reabsorva o *Ego, deve* ele ser consciente das mais puras simpatias chamadas à existência pelos estéticos efeitos da arte, respondendo suas cordas mais sensíveis ao apelo dos mais santos e nobres apegos *humanos.*

K. H.

10. Naturalmente, quanto maior o progresso em direção à libertação, menos eles se farão sentir, até que, para coroar todos os sentimentos puramente individuais e pessoais (...) cederão lugar para se fundirem num único sentimento universal, o único verdadeiro e santo, o único al-

truístico e eterno – o Amor, um Imenso Amor pela humanidade – como um Todo.

K. H.

11. Minha referência à "filantropia" foi em seu mais amplo sentido, e para chamar a atenção para a absoluta necessidade da "doutrina do coração" em oposição à que é meramente "dos olhos".

K. H.

12. Tempo houve em que de mar a mar, desde as montanhas e os desertos do norte até os grandes bosques e as baixadas do Ceilão, só havia uma fé e um ardente

clamor – salvar a humanidade das misérias da ignorância em nome Daquele que primeiro ensinou a solidariedade de todos os homens. E agora? Onde está a grandeza de nosso povo e da Verdade única?

M.

13. Para todos, *Chohan* ou *chela,* entre nós trabalhadores juramentados, a primeira e última coisa a considerar é se podemos fazer bem ao nosso próximo por mais humilde que este seja; e não nos consentimos nem sequer pensar no perigo, na injúria, no abuso ou na injustiça que a nós própri-

os disso advenha. Estamos prontos a ser "cuspidos e crucificados" – diariamente e não só uma vez – se daí um bem real advier para outrem.

K. H.

14. Pois é grandioso trabalhar pela humanidade, sua recompensa estende-se para além deste breve sonho da vida, até outros nascimentos.

M.

15. Aquele que deseja aprender a beneficiar a humanidade e se acredita capaz de ler o caráter de outras pessoas deve começar, antes de mais nada, por *apren-*

der a conhecer-se a *si mesmo* para apreciar seu próprio caráter em seu exato valor.

M.

16. A missão da mulher é tornar-se mãe de futuros ocultistas – dos que hão de nascer sem pecado – pois da elevação da mulher dependem a redenção e salvação do mundo. E enquanto a mulher não despedaçar os grilhões da escravidão sexual, aos quais foi sempre submetida, o mundo não obterá um vislumbre do que ela realmente é e do lugar que lhe está reservado na economia da natureza.

K. H.

17. Se ele (H. S. O.) é "ignorante" de muitas coisas, também o são seus acusadores; e a razão por que ele permanece *não-iniciado* (...) é simples: até hoje *preferiu o bem* de muitos *ao seu próprio benefício pessoal.* Abriu mão das vantagens decorrentes de um firme e sério *chelado,* por amor àqueles que a ele se devotam, pelo seu trabalho em prol dos outros – *e esses são os que presentemente se voltam contra ele.*

M.

18. O maior consolo e o primeiro dever na vida, filho, é não causar dor e evitar fazer sofrer homem ou animal.

K. H.

19. Nossa Sociedade não é uma simples escola intelectual de ocultismo; e os nossos maiores já disseram que aquele que julgar muito dura a tarefa de trabalhar para outrem, melhor será que não a empreenda. Os sofrimentos morais e espirituais do mundo são mais importantes e necessitam mais de nosso auxílio e cura do que de nosso auxílio necessita a ciência no campo das descobertas.

K. H.

20. Estais pronta a executar vossa parte na grande obra de filantropia? Vós vos oferecestes para a Cruz Vermelha; porém, Irmã, há

doenças e feridas da Alma, que nenhuma arte cirúrgica pode curar. Ajudar-nos-eis a ensinar à humanidade que os doentes da alma devem curar-se a si mesmos?

M.

21. (...) a necessidade de aplicação prática destas sublimes palavras de nosso Senhor e Mestre: Ó vós *Bhikkhus* e *Arhats* sede amistosos para com a raça dos homens nossos irmãos! Sabei todos vós que aquele que não sacrifica sua *única* vida para salvar a vida de seu semelhante, que hesita em abandonar mais do que a vida – *seu nome limpo e sua honra* para

salvar o nome limpo e a honra *de muitos* é indigno do transcendente, destruidor do pecado e imortal Nirvana.

K. H.

22. Deixai de julgar um movimento, uma causa, uma opinião, pela medida em que vos atrai, vos satisfaz ou mesmo vos é antagônica. Examinai de preferência a extensão de seu poder para servir aos outros em suas necessidades. (VII)

23. Não podereis, verdadeiramente, ser estudantes da Divina Sabedoria a não ser que estejais ativos no serviço da Vida Divina.

Onde houver ignorância, onde houver injustiça, onde houver tirania, onde houver opressão, onde houver crueldade – *aí* deveremos encontrar os ardorosos membros da Nossa Sociedade. (VII)

24. M. falou bem e verdadeiramente, ao dizer que o amor pela coletividade humana é sua crescente inspiração; e, se qualquer indivíduo quiser convergir para si a atenção Dele, tem que vencer a tendência dispersiva mediante uma força mais potente.

K. H.

25. Os *Chefes* desejam uma "Fraternidade da Humanidade", uma real Fraternidade Universal; uma instituição que se torne conhecida em todo o mundo e prenda a atenção das mentes mais elevadas.

K. H.

26. A expressão "Fraternidade Universal" não é uma frase ociosa. A humanidade, em massa, tem uma suprema reivindicação a reclamar de nós (...) É o único alicerce seguro para a moral universal. Se for um sonho, é, pelo menos, um nobre sonho pela humanidade: e é a aspiração do *verdadeiro Adepto.*

K. H.

27. Lutai pelos perseguidos e prejudicados, por aqueles que, em virtude do auto-sacrifício, se tornaram desvalidos, tanto na Europa como na China.

K. H.

28. Que nós, – devotados seguidores desse espírito encarnado de absoluto auto-sacrifício, de filantropia, de divina bondade, assim como das mais altas virtudes atingíveis nesta terra de tristeza, o homem dos homens, Gautama Buddha – deixássemos alguma vez a S.T. representar a *corporificação do egoísmo*, refúgio de uns poucos que não têm um só

pensamento para os muitos, eis uma estranha idéia, meus irmãos.

O MAHA CHOHAN

29. Que cada teosofista cumpra simplesmente o seu dever, naquilo que pode e deve cumprir, e muito em breve a soma da miséria humana, dentro e ao redor da área de cada Loja da nossa Sociedade, se encontrará sensivelmente diminuída. (VIII)

Março

VERDADE

A missão do Espírito Planetário é apenas vibrar a *Nota Fundamental da Verdade.* E uma vez tendo orientado a vibração desta última a seguir seu curso ininterruptamente ao longo do encadeamento desta raça e até o fim do ciclo – os forasteiros da mais alta esfera desabitada desaparecem da superfície do nosso planeta – até a próxima "ressurreição da carne". As vibrações da Verdade Primitiva constituem o que os vossos filósofos denominam "idéias inatas".

K. H.

1. O único objetivo pelo qual se deve lutar é o melhoramento das condições do *homem*, mediante a difusão da verdade adequada aos vários estágios de seu desenvolvimento, do país em que habita e ao qual pertence.

K. H.

2. *A Verdade* não tem rótulo e não é afetada pelo nome sob o qual é divulgada, se o objetivo for alcançado.

K. H.

3. *Só a filosofia esotérica*, o liame espiritual e psíquico do homem com a Natureza, revelando verdades fundamentais, é que pode

produzir esse tão desejado estado de mediação entre os dois extremos do *egoísmo* humano e *do Altruísmo Divino* e, finalmente, conduzir ao alívio do sofrimento humano. (VIII)

4. Sois trabalhadores voluntários no Domínio da Verdade e, como tais, não deveis deixar obstruir os caminhos que a ela conduzem. (VIII)

5. Até agora não adquiristes o método exato de separar o falso do verdadeiro, por não haverdes compreendido ainda a doutrina dos invólucros.

K. H.

6. A Loja conhece bem as qualidades do nosso Irmão; e são essas faculdades de raciocínio analítico e o poderoso dom de nosso Irmão de extrair verdades espirituais da letra morta de aparentes contradições que nos forçam a confiar nas suas intuições espirituais para o desempenho dessa delicada missão.

S.

7. Pobre, pobre humanidade, quando possuirás tu a completa e não adulterada Verdade! Contempla cada um dos seres "privilegiados" a dizerem "Só eu estou certo!" (...) Mas por que esse obstinado esquecimento do im-

portante fato de que existem outras e inúmeras páginas antes e depois da página isolada que cada um desses "Videntes" até agora só dificilmente aprendeu a decifrar? Por que cada um desses "Videntes" se acredita o Alfa e o Ômega da Verdade?

K. H.

8. Lembrai-vos: o cômputo da desgraça humana jamais diminuirá senão no dia em que a melhor porção da humanidade destruir, em nome da Verdade, da Moral e da Caridade Universal, os altares de seus falsos deuses.

K. H.

9. A verdade nunca vem como um ladrão noturno, transpondo janelas fechadas e portas aferrolhadas.

K. H.

10. O mau uso do conhecimento por parte do discípulo reage sempre sobre o iniciador; nem acredito que já saibais que, partilhando com outrem seus segredos, o Adepto, pela Lei imutável, retarda seu próprio progresso em direção ao Repouso Eterno (...); deve soar-vos como um truísmo o dizer que *alguém* tem que pagar um preço por tudo e por toda verdade e, nesse caso, – quem o paga somos nós.

K. H.

11. Nós trabalhamos, labutamos e permitimos que nossos *chelas sejam temporariamente enganados,* para lhes fornecermos meios de não mais o serem no futuro e verem todo o mal da falsidade e da inverdade, e não somente nesta como em muitas de suas vidas vindouras.

K. H.

12. Fomos nós os mergulhadores e os pioneiros, e os homens de ciência apenas colhem onde nós semeamos. É nossa missão mergulhar e trazer as pérolas da Verdade à superfície; a deles, limpá-las e engastá-las em jóias científicas.

K. H.

13. Se vossos esforços ensinarem ao mundo uma letra que seja do alfabeto da Verdade – essa Verdade que outrora penetrou no mundo inteiro – não vos faltará a recompensa.

K. H.

14. Esforçai-vos para eliminar os desentendimentos *que encontrardes*, pela bondosa persuasão e apelo aos sentimentos de lealdade à Causa da Verdade, se não a nós mesmos. Fazei que todos esses homens sintam que não temos favoritismos nem afetos pessoais; somente temos em vista suas boas ações e a humanidade como um todo.

K. H.

15. Não degradeis a verdade, impondo-a a mentes que não a desejem.

K. H.

16. Nem é assunto da mais leve importância que o prendado Presidente da "Loja de Londes" da S. T. alimente sentimentos de reverência ou desrespeito para com os humildes e desconhecidos indivíduos que se acham à frente da Boa Lei Tibetana (...); tratase, porém, de saber se a senhora é adequada para os propósitos que todos nós temos em vista, isto é, a difusão da VERDADE por meio das doutrinas Esotéricas transmitidas por qualquer

canal religioso e a dissipação do crasso materialismo, do preconceito cego e do ceticismo.

K. H.

17. Não duvideis, meu amigo: é somente do alto dessas nossas "rochas adamantinas", e não a seus pés, que o indivíduo se capacita para perceber toda a Verdade, ao abranger o horizonte todo e sem limites.

K. H.

18. Trabalhei durante mais de um quarto de século, noite e dia, para manter meu lugar nas fileiras desse invisível mas sempre

ativo exército que trabalha e se prepara para uma tarefa que não acarreta recompensa, mas dá a consciência de que estamos cumprindo nosso dever para com a humanidade; e, encontrando-vos em meu caminho, tentei – não o temais – não aliciar-vos, pois isso seria impossível, mas simplesmente atrair vossa atenção, despertar vossa curiosidade se não os vossos melhores sentimentos para a Verdade una e única.

K. H.

19. Somente àqueles que se mostraram fiéis para consigo próprios e para com a Verdade, em todas as

coisas, será permitido ulterior intercâmbio conosco.

K. H.

20. Mesmo a mais tênue sombra de diferença arma os pesquisadores da mesma verdade, – aliás ardorosos e sinceros, – com o aguilhão do escorpião do ódio para com seus irmãos, igualmente sinceros e ardorosos. Vítimas iludidas da verdade deturpada, esquecem – ou jamais souberam – que na discordância está a harmonia do Universo.

K. H.

21. Feliz aquele cujas percepções sempre lhe sussurram a verdade!

Julgai os que diretamente se ligam conosco de acordo com essa percepção, e não segundo a vossa mundana noção das coisas.

K.H

22. O melhor corretivo para o erro é um exame honesto e de mente aberta de todos os fatos subjetivos e objetivos.

K. H.

23. Ela (a Doutrina Secreta) é obra mais valiosa do que a precedente, um resumo de verdades ocultas que se tornará uma fonte de informação e instrução para os

estudantes zelosos, durante longos anos futuros.

K. H.

24. A doutrina que promulgamos, sendo a única verdadeira, deve, apoiada em provas que nos estamos preparando para dar, tornar-se, por fim, triunfante, como qualquer outra verdade. Entretanto, é absolutamente necessário inculcá-la gradualmente, reforçando suas teorias – fatos irrefutáveis para aqueles que sabem, – com inferências diretas, deduzidas e corroboradas pelas provas fornecidas pela moderna ciência exata.

O MAHA CHOHAN

25. Há – mesmo entre os homens ingleses de ciência – alguns já preparados para achar nossos ensinamentos em harmonia com os resultados e o progresso de suas próprias pesquisas, e que não se mostram indiferentes à sua aplicação às necessidades espirituais da humanidade em geral. Pode ser vossa tarefa lançar entre eles as sementes da Verdade e mostrar-lhes o caminho.

K. H.

26. Isso vos impõe o sagrado dever de instruir o público e de prepará-lo para futuras possibilidades, abrindo gradualmente seus olhos para a Verdade.

K. H.

27. Tendes de provar aos vossos inimigos e aos que vos querem mal, que vossa causa, sendo forte e assentando-se na rocha da Verdade, jamais pode realmente ser impedida em seu progresso por nenhuma oposição, por forte que seja, se todos vos unirdes e atuardes em concordância.

K. H.

28. Entre a superstição degradante e o ainda mais degradante e brutal materialismo, a branca pomba da verdade dificilmente encontra lugar para pousar seus mal acolhidos e fatigados pés.

O MAHA CHOHAN

29. Achar-se o mundo em tão más condições morais é evidência concludente de que nenhuma de suas religiões e filosofias – e as das raças *civilizadas* menos que quaisquer outras – jamais possuiu a VERDADE (...) Deve existir algures uma solução consistente e, se as nossas doutrinas mostrarem sua competência para oferecê-la, então o mundo será o primeiro a confessar que elas devem ser a verdadeira filosofia, a verdadeira religião, a verdadeira luz, as quais propiciam a *verdade* e nada mais que a verdade.

O MAHA CHOHAN

30. Nenhum mensageiro da verdade, nenhum profeta, alcançou jamais, durante sua vida, um triunfo completo, nem mesmo o *Buddha*.

O MAHA CHOHAN

31. O Adepto vê, sente e vive na própria fonte de todas as verdades fundamentais a Essência Universal, e Espiritual da Natureza, SHIVA, o Criador, Destruidor e Regenerador.

K. H.

Abril

DEVOÇÃO

Tendo em conta a população do mundo, sereis poucos em número, porém a força e o poder espirituais não se medem por números: medem-se, antes, pela ardente sinceridade. (VII)

1. O menos que podemos fazer por uma pessoa que devotou integralmente sua vida a servir-nos e à causa que amamos, é preservar-lhe o corpo e a saúde sempre que dela necessário, pois é *o desejo* de todos *nós*. Antes pereça a Sociedade Teosófica do que mostrar-se ela ingrata a H. P. B.

M.

2. *Maha Sahib* ordenou-me dizer-vos que, de acordo com vossa fé, sereis ajudados.

H.

3. Acreditai-me, fiel amigo, que *nada* menos que a plena confiança em nós, em nossa sabe-

doria, em nossa previsão se não em nossa onisciência – que não se encontra nesta terra pode ajudar alguém a transpor seu mundo de sonho e ficção para atingir nosso mundo de Verdade, região austera da realidade e dos fatos.

K. H.

4. Pela vossa devoção e desinteressado labor estais recebendo auxílio, embora silencioso.

K. H.

5. O refrão acerca dos "Mestrcs" deve ser, silenciosa mas firmemente, abandonado. Que a devoção e o serviço sejam dedicados somente a esse Supremo Es-

pírito do qual cada um de nós é uma parte.

K. H.

6. Tendes ainda de aprender que, *enquanto houver* na *Sociedade Teosófica três homens dignos da benção de Nosso Senhor, ela jamais poderá ser destruída.*

M.

7. A desconfiança e o preconceito são contagiosos.

K. H.

8. Aquele que a si próprio condena, em sua estima pessoal e alegremente o faz perante o reconhecimento e corrente código de

honra para salvar uma causa digna, poderá algum dia verificar ter realizado, dessa maneira, suas mais altas aspirações.

K. H.

9. Nele (H. S. O.) podemos confiar em *todas* as circunstâncias e seu fiel serviço está a nós consagrado tanto para os bons como para os maus dias. Meu caro Irmão, minha voz é o eco da justiça imparcial. Onde poderemos encontrar devotamento igual? Ele é um dos que nunca discutem, mas obedecem, que pode cometer inúmeros erros, por excesso de zelo, porém jamais demonstrará má vontade em reparar suas fal-

tas, mesmo à custa das maiores humilhações pessoais; que está disposto ao sacrifício do conforto e mesmo da vida, para fazer algo, e alegremente se arrisca quando for necessário; que come qualquer alimento ou mesmo passa sem ele; que dorme em qualquer cama, trabalha em qualquer lugar, confraterniza-se com qualquer pária e resiste a qualquer privação por amor à causa.

K. H.

10. Guardai para sempre na mente que *quando* e *o que* for possível vos será sempre feito sem inci-

tamentos; portanto, *jamais* deveis pedir ou sugerir.

K. H.

11. Tendes, na verdade, trabalhado pela causa sem interrupção, durante muitos meses e em muitas direções; não deveis, porém, supor que, pelo fato de *não havermos externado qualquer reconhecimento pelo que tendes feito* (...), sejamos ingratos ou propositalmente o ignoremos, pois que, realmente, assim não é.

K. H.

12. Meu Irmão é sábio em não permitir à brilhante chama da sua Fé bruxulear como a flama in-

constante de um círio; sua fé o salvará e coroará suas melhores esperanças.

S.

13. A fé ardente na Verdade pode abalar montanhas de ignorância e preconceito. (VII)

14. Sede verdadeiro, sincero e fiel. Trabalhai pela causa e nossas bênçãos estarão sempre convosco. Duvidai e esquecei vossas sagradas promessas e, mergulhado na treva da culpa e da tristeza, vos arrependereis.

K. H.

15. Que venha de qualquer modo como o discípulo ao Mestre, sem condições; ou então que espere, como tantos outros, e se satisfaça com as migalhas de conhecimento que tombarem em seu caminho.

K. H.

16. Em resumo, ele foi considerado falho em um dos primeiros requisitos para o êxito de um candidato – a *fé inabalável,* filha de uma convicção baseada e radicada no conhecimento, não na simples crença em certos fatos.

K. H.

17. Se quiserdes prosseguir em vossos estudos ocultos e trabalhos literários, aprendei a ser leal à Idéia, antes do que ao meu pobre eu.

K. H.

18. Mais do que nunca confio apenas nos poucos mas firmes trabalhadores da desafortunada e infeliz S.T.

K. H.

19. Tende fé, Irmão meu, e quando menos esperardes vossos olhos se abrirão a uma visão tão gloriosa que deslumbraria qualquer mortal comum.

S.

20. Tende fé no poder de vossa alma e obtereis êxito.

M.

21. D. tem, indubitavelmente, e como outros, muitas falhas e fraquezas. Mas é desinteressadamente devotado a nós e à causa.

K. H.

22. Não é permitido, aconteça o que acontecer, oferecê-lo (nosso Conhecimento e Ciência) como um remédio contra a suspeita ou capaz de curar as pessoas por ela atingidas. Essas têm que obtê-lo por si mesmas, e, quem não encontrar nossas verdades em sua alma e dentro de si próprio, par-

cas oportunidades de êxito terá em Ocultismo.

K. H.

23. Buscamos homens, não mestres de cerimônias; devoção, não meras observâncias.

K. H.

24. Se, porém, permanecerdes verdadeiro e vos mantiverdes fiel à Sociedade Teosófica, podereis contar com o nosso auxílio como o poderão todos os outros na plena extensão em que o merecerem.

K. H.

25. Meus *chelas* jamais devem suspeitar, prejudicar ou duvidar de nossos agentes, mediante pensamentos impuros. Nossos modos de ação são estranhos e desusados e mui freqüentemente tendentes a criar suspeita. Essa última constitui uma armadilha e uma tentação.

K. H.

26. Quando confiareis, *implicitamente,* em meu coração se não em minha sabedoria, para a qual não peço reconhecimento de vossa parte? É extremamente penoso ver-vos vaguear em um labirinto escuro, criado pelas vossas próprias dúvidas e cuja saída, na

maioria das vezes, fechais por vossas próprias mãos.

K. H.

27. Nenhum daqueles que simplesmente hajam tentado auxiliar o trabalho da Sociedade, por imperfeitos e falhos os meios e modos de que se serviram, o terá feito em vão.

K. H.

28. Nós, porém, empregamos agentes – os melhores de que dispomos. Dentre esses, durante os trinta anos passados, o principal tem sido a personalidade conhecida no mundo pelo nome de H. P. B. (por nós conhe-

cida de outro modo) (...) Sendo constante sua fidelidade ao nosso trabalho e ante os sofrimentos que através dele lhe advieram, nem eu nem meus associados Irmãos a abandonaremos ou substituiremos. Como disse certa vez, a *ingratidão* não se inclui entre os nossos vícios.

K. H.

29. A todos a quem possa interessar – à honrada e duvidosa companhia: estultos são os corações que duvidam de nossa existência ou dos poderes de que nossa comunidade se acha investida desde idades e idades! Quisera que vossos corações se abrissem

à recepção da verdade bendita e obtivésseis os frutos do *Arhatado*, se não neste, pelo menos em outro e melhor nascimento.

Quem é por nós? Respondei!

M.

30. O trabalho torna-se mais difícil por ser eu um lavrador solitário no campo, e isso enquanto eu não puder provar a meus superiores que sois, pelo menos, resolutamente decidido, que estais verdadeiramente cheio de zelo e ardor.

K. H.

Maio

PUREZA

O Ocultismo não é uma brincadeira. Exige *tudo* ou *nada*.

K. H.

1. O processo de autopurificação não é obra de um momento, nem de meses, mas de anos, e pode prolongar-se por toda uma série de vidas.

K. H.

2. Tendes muito que desaprender. Os estreitos prejuízos de vosso povo ligam-vos mais do que o suspeitais. Tornam-vos intolerante (...) quanto às minúsculas ofensas de outrem contra vossos padrões artificiais de propriedade, e vos dispõem a perder de vista as coisas essenciais. Não estais ainda apto a apreciar a diferença entre a pureza interna e a "*cultura exterior*".

K. H.

3. Por que sois tão desanimado no cumprimento do vosso dever? Amizade, sentimentos pessoais e gratidão são, indubitavelmente, nobres sentimentos, porém somente o dever conduz ao desenvolvimento que tanto ansiais.

K. H.

4. A Ciência Oculta é uma zelosa dama que não permite nem sombra de auto-indulgência.

K. H.

5. Ninguém entra em contato conosco, ninguém evidencia o desejo de saber algo mais a nosso respeito, sem se submeter a testes e ser posto à prova por nós.

K. H.

6. Acautela-te, amigo, que não é esta a última de tuas provas. Não fui eu que as criei e sim *tu próprio* em tua luta pela luz e pela Verdade contra as obscuras influências do mundo.

K. H.

7. Sê verdadeiro, sê leal aos teus compromissos, ao teu dever sagrado, ao teu país e à tua própria consciência.

K. H.

8. Para nós lei é *lei*, e poder algum é capaz de nos fazer desviar um jota ou um til do nosso dever.

M.

9. Convence-te, amigo, de que as afeições sociais têm pouco ou nenhum domínio sobre qualquer verdadeiro Adepto no que respeita ao cumprimento do dever. À proporção que ele se vai elevando ao perfeito Adeptado, as fantasias e antipatias de seu eu anterior enfraquecem-se (...), ele toma toda a humanidade em seu coração e a contempla em massa.

M.

10. A pobre mulher é naturalmente boa e moral; porém essa mesma pureza é de natureza tão estreita, de caráter tão *presbiteriano,* se me é permitido o termo, que a

incapacita de vê-la refletida em outro *Ser* que não o dela própria. Só ela é *boa* e *pura*. Todos os outros (devem ser e são suspeitos.

K. H.

11. O *chelado revela* o homem *interno* e traz à existência os vícios e as virtudes adormecidos. O vício latente gera pecados ativos e é freqüentemente seguido de insanidade. Sê puro, virtuoso, vive uma vida santa e serás protegido. Lembra-te, porém, de que aquele que não for puro como uma criancinha, melhor lhe será renunciar ao *chelado*.

K. H.

12. Sou como era; e, como era e sou, provavelmente serei sempre – escravo do meu dever para com a Loja e a humanidade, não somente instruído, mas desejoso de subordinar toda a preferência por indivíduos ao amor pela raça humana.

M.

13. Levai à prática, sem demora, vossas boas intenções, sem que uma sequer permaneça apenas como intenção; não espereis, entretanto, recompensa, nem mesmo reconhecimento pelo bem que houverdes praticado. A recompensa e o reconhecimento estão em vós e de vós são inse-

paráveis, pois que somente o vosso Eu Interno as pode apreciar em seu verdadeiro grau e valor. (VIII)

14. É princípio fundamental em Ocultismo que cada palavra ociosa é registrada, tanto quanto as cheias de pleno e ardente significado.

K. H.

15. A *justiça absoluta* não diferencia os muitos dos poucos.

K. H.

16. A pureza do amor terreno purifica e prepara para a realização do Divino Amor.

S.

17. Para descerrardes os portais do mistério, tendes, não somente que viver uma vida da mais estrita probidade, como aprender a discernir o verdadeiro do falso.

K. H.

18. Necessitamos do homem *interno* e sempre o receberemos quando quer que esse se ofereça para executar tarefas.

M.

19. O *Atma* do homem permanece puro e altamente espiritual, conquanto unido ao corpo material. Por que duas almas em dois corpos não poderão permanecer puras e incontaminadas, malgrado

a passageira união terrena dos dois últimos?

S.

20. Meu dever primário, porém, é para com *meu Mestre*. E o dever, permiti que vo-lo diga, é, para nós, mais forte do que qualquer amizade ou mesmo amor; pois que, sem este permanente princípio, o indestrutível cimento que tem mantido reunidos, por tantos milênios, os esparsos detentores dos grandes segredos da Natureza – nossa Fraternidade ou mesmo nossa própria doutrina, há muito se teriam desagregado em irreconhecíveis átomos.

K. H.

21. Tendes que fazer, de uma vez para sempre, a vossa escolha – ou vosso dever para com a Loja ou vossas idéias pessoais.

"O VELHO GENTLEMAN"

22. Chegou o tempo em que deveis lançar os alicerces dessa estrita conduta – tanto no indivíduo como no corpo coletivo – a qual, sempre vigilante, preserva contra a decepção quer consciente quer inconsciente.

K. H.

23. Deixamos isso aos nossos criados, os *Dugpas* a nosso serviço, dando-lhes *carta branca* daqui por diante, com o objetivo único

de trazerem para o exterior toda a natureza *interna* do *chela*, cujos redutos e recantos permaneceriam na maioria obscuros e escondidos para sempre, se não fosse oferecida a oportunidade de submeter a teste, por seu turno, cada um desses recantos.

K. H.

24. Porém *olhai para o futuro;* tende em vista que o contínuo cumprimento do dever, sob orientação de uma bem desenvolvida Intuição, manterá a balança bem equilibrada.

K. H.

25. Parece-vos coisa pouca que o ano passado tenha sido consagrado apenas aos vossos "deveres de família"? Porém, que melhor motivo para recompensa, que melhor disciplina do que o diário e repetido cumprimento do dever?

K. H.

26. O dever do teosofista é igual ao do lavrador: abrir os sulcos e semear os grãos o melhor que puder. O resultado final é com a natureza, a escrava da lei.

K. H.

27. Aquele que pretender instrução superior tem que ser um *verdadeiro* teosofista de alma e coração, não somente na aparência.

K. H.

28. Nenhum de nós deve pôr em perigo uma causa, cujo desenvolvimento é um dever soberano, por considerações para com o eu.

K. H.

29. Acredita-me, meu "discípulo": o homem ou a mulher colocados pelo carma em meio de pequenos e nítidos deveres, sacrifícios e atos de bondade, por meio des-

ses, fielmente cumpridos, se elevará à mais ampla medida do Dever, do Sacrifício e da Caridade para com toda a Humanidade.

K. H.

30. Tendes razão – é mais meritório cumprir o nosso dever sem nenhum pensamento prévio de recompensa do que ficar barganhando reconhecimento por nossos atos.

M.

31. O Adepto é a rara florescência de uma geração de pesquisadores; e, para que o indivíduo tal se

torne, tem que obedecer ao impulso interior de sua alma, sem olhar as prudentes considerações da ciência ou da sagacidade mundanas.

K. H.

Junho

SIMPATIA

Devo dizer que os telegramas da “Velha Senhora” ferem como pedras de uma catapulta! Que poderia eu fazer senão vir? Seria inútil argumentar, através do espaço, com alguém que está em completo desespero e em caótico estado moral. Eis por que resolvi emergir de uma reclusão de muitos anos para dedicar algum tempo a consolá-la o melhor que puder.

K. H.

1. Assegurai-vos da assistência de meus bons votos pessoais. Se realmente necessitardes, uma vez por outra, do auxílio de um pensamento feliz, à medida que vosso trabalho progredir, esse, provavelmente, penetrará, por *osmose,* em vosso cérebro.

K. H.

2. Espero que pelo menos compreendais que nós (ou a maioria de nós) estamos longe de ser as múmias sem coração e moralmente secas que alguns imaginam.

K. H.

3. A unidade fortalece: e, desde que o Ocultismo, em nossos dias, se assemelha a uma "Guarda Avançada", são indispensáveis a união e a cooperação. Com efeito, a união implica concentração de força vital e magnética contra as correntes hostis do preconceito e do fanatismo.

K. H.

4. Que a bênção de Deus esteja convosco; e em vossas negras horas de desespero pensai em mim, Irmão meu, e estarei convosco.

S.

5. Eu vos acompanhei, Irmão meu, por todo o dia de ontem. Minha simpatia esteve sempre convosco.

S.

6. Mesmo a simples presença entre vós de um indivíduo simpático e bem intencionado pode magneticamente ajudar-vos.

K. H.

7. Aqueles a quem amais comunicam-se convosco objetivamente durante o sono? Vossos espíritos, em horas de perigo ou de intensa simpatia, vibrando na mesma corrente de pensamento – que em tais casos cria uma es-

pécie do fio telegráfico espiritual entre vossos dois corpos – podem encontrar-se e mutuamente impressionar vossas memórias.

K. H.

8. A *vontade forte cria* e a simpatia atrai mesmo os Adeptos – cujas leis são antagônicas à sua inclusão com os não-iniciados.

K. H.

9. Uma associação de "afinidades", de forças e polaridades magnéticas embora dessemelhantes, mas centralizadas em torno de uma idéia dominante, é necessária para o êxito de uma empresa em ciências ocultas. O que um só

falha em executar, muitos combinados levarão a termo.

K. H.

10. Ampliai, em vez de estreitardes, vossas simpatias, tentai identificar-vos com os vossos semelhantes em vez de restringirdes o vosso círculo de afinidades.

K. H.

11. As peculiares condições físicas, morais e intelectuais dos neófitos – e também dos Adeptos – variam muito, como facilmente se pode compreender; assim, em cada caso, o instrutor tem que adaptar suas condições às do discípulo, e

o esforço para isso é terrível, dado que, para obter êxito, temos de nos colocar em *plena* relação com o paciente sujeito a treinamento.

K. H.

12. E, quanto maiores os poderes do Adepto, menos estará ele em sintonia com a natureza do profano, que freqüentemente vem a ele saturado das emanações do mundo externo, emanações animais de uma multidão egoísta, brutal, que nós tememos e, quanto mais tempo ele esteve separado desse mundo e mais puro se tornou, mais difícil será a tarefa que se impôs.

K. H.

13. Não posso trabalhar a não ser com aqueles *que queiram trabalhar conosco.*

K. H.

14. Grandes irmãos mais velhos sereis se o quiserdes, protegendo todos os que forem mais jovens, abençoando-os com vossa terna, sábia e forte compaixão, dando àqueles a quem a vossa compaixão é devida sempre tanto mais quanto mais para trás de vós eles estiverem no caminho da Vida. Sede muito ternos para com as criancinhas e ainda mais ternos para com todos os que errarem, pouco conhecendo da sabedoria; e mais ternos ainda para com os animais, a fim de que eles pas-

sem para o seu próximo caminho pela porta do amor e não pela do ódio. Sede carinhosos com as flores e as árvores. Pertenceis todos ao mesmo sangue, à mesma origem, à mesma meta *Sabei desta verdade e vivei-a.* (VII)

15. É um dito familiar que um casal bem ajustado "cresce junto", até chegar a uma íntima semelhança, tanto nas feições como na mente. Sabeis, porém, que entre Adepto e *chela* – Mestre e discípulo – se forma gradualmente um liame ainda mais íntimo? Isso porque entre esses

o intercâmbio psíquico é cientificamente regulado, ao passo que entre marido e mulher a natureza é, sem auxílio, deixada à mercê de si própria.

K. H.

16. Assim como a água de um tanque cheio se escoa para outro vazio, com ele relacionado, assim como o nível comum será mais cedo ou mais tarde alcançado, de acordo com a capacidade do tubo aumentador, assim também o conhecimento do Adepto flui para o *chela*; e o *chela* atinge o nível do Adepto conforme sua capacidade receptiva. Ao mesmo tempo, sendo o

chela um indivíduo, uma entidade evolutiva separada, partilha inconscientemente com o Mestre a qualidade de sua mentalidade acumulada. O Mestre absorve *seu* conhecimento.

K. H.

17. Eu não vos ordenarei, nem mesmerizarei, nem dominarei. Porém, invisível, e quando talvez houverdes chegado – como a muitos acontece – a deixar de acreditar em minha existência, vigiarei a vossa carreira e simpatizarei com vossas lutas.

K. H.

18. Seja qual for a perturbação que pareça descer sobre vós, lembrai-vos de que estou convosco.

M.

19. A natureza ligou todas as partes do seu Império por meio de sutis liames de simpatia magnética, e existe uma relação mútua mesmo entre a estrela e o homem; o pensamento viaja mais rápido do que o fluido elétrico, e vosso pensamento *encontrar-me-á*, se projetado por um impulso puro, assim como o meu encontra, encontrou e freqüentemente impressionou vossa mente.

K. H.

20. Deploro-o profundamente, porém não tenho o direito de me ligar tão estreitamente a qualquer pessoa ou pessoas por liames de simpatia e estima individual e suponho que meus movimentos ficariam tolhidos e eu incapacitado para conduzir os demais a algo maior e mais nobre que sua fé atual.

K. H.

21. Nenhum de vós deve ser cego a ponto de supor seja esta a primeira vez que entra em contato com a Teosofia. Seguramente percebereis que isso equivaleria a dizer que os efeitos advêm sem causas. Sabei, pois, que de cada

um de vós depende o lutar daqui por diante pela aquisição da Sabedoria espiritual nesta e na próxima encarnação, quer sozinho, quer em companhia de vossos atuais co-associados, e grandemente ajudados sereis pela simpatia e aspirações mútuas. Minhas bênçãos a todos que as merecerem.

K. H.

22. Imaginais que a verdade vos foi mostrada só para vossa vantagem? Que rompemos um silêncio de séculos para proveito apenas de um punhado de sonhadores? As linhas convergentes de vosso carma vos trouxe-

ram a todos e a cada um para esta Sociedade, que é como que um foco comum, a fim de que possais, cada qual de vós, auxiliar a elaborar os resultados das iniciativas interrompidas em vossa existência anterior.

K. H.

23. Somente o progresso do indivíduo no estudo do conhecimento Arcano, a partir de seus elementos rudimentares, o conduz, gradualmente, a compreender nossos propósitos. Só assim, e não de outro modo, esse estudo, fortalecendo e refinando os misteriosos elos de simpatia entre homens inteligentes – fragmen-

tos temporariamente isolados da Alma universal ou da própria Alma cósmica – os integra na harmonia total.

K. H.

24. Uma vez estabelecido isso, só então essas simpatias despertas servirão, na verdade, para ligar o HOMEM com (...) essa cadeia de energia que une o Cosmos Material e Imaterial – o Passado, o Presente e o Futuro – e estimula suas percepções até o ponto de, claramente, alcançar, não meramente todas as coisas da matéria, mas também as do Espírito.

K. H.

25. Oh! meu pobre e desapontado amigo, se estivésseis já tão avançado no caminho que esta simples transmissão de idéias não fosse estorvada pelas condições da matéria, e a união de vossa mente com a nossa impedida pelas suas induzidas incapacidades! Tal é, desventuradamente, a grosseria herdada e auto-adquirida da mente Ocidental (...) que é agora quase impossível tanto a eles compreenderem como a nós expressarmos na própria linguagem algo desse delicado e aparentemente ideal mecanismo do Cosmos Oculto. Até certo ponto essa faculdade pode ser adquirida pelos

europeus por meio da meditação e do estudo, porém isso é tudo.

K. H.

26. Como Elloriana ela tem que ganhar seu direito (...) Os resultados finais da temida prova dependem dela e do cômputo de simpatia que por ela alimentem seus dois irmãos, (. . .) da força e poder de *vontade* deles, a ela enviados por ambos onde quer que ela esteja. Sabei, Irmão, que um tal poder de vontade, fortificado por um sincero afeto, a rodeará de um impenetrável, um forte escudo protetor formado pelos bons e puros desejos de duas almas imortais – e será po-

deroso na proporção da intensidade de seus desejos de vê-la triunfante.

S.

27. Tenha confiança em vós próprios, como Nós a temos em cada um de vós, pois não existe um único membro da Sociedade isento de elo Conosco ou de cujo auxílio não necessitemos. Não escolhemos a cada um de vós porque de vós precisamos? Tendes necessidade uns dos outros, e nós, de todos vós. (VII)

28. Devereis saber, como simples membro e muito mais como um dos diretores, que podeis ensi-

nar, adquirir força e conhecimento espiritual, a fim de que o trabalho recaia em vossos ombros, e as tristes vítimas da ignorância aprendam de vós a causa e o remédio de suas dores.

K. H.

29. Acautelai-vos, pois, contra o espírito falho de caridade, pois que ele se levantará como um lobo faminto em vosso caminho e devorará as melhores qualidades que de vossa natureza têm brotado para a vida.

K. H.

30. O homem, no fim de tudo, é vítima dos que o rodeiam, en-

quanto mergulhado na atmosfera da sociedade. Nós podemos nos sentir ansiosos por ampará-lo e ter nisso interesse, porém ao mesmo tempo acharmo-nos tão incapacitados para fazê-lo, como alguém que vê um amigo a debater-se num oceano tempestuoso, sem nenhum barco por perto para utilizar, e sentindo sua força pessoal paralisada, por mais forte que seja a mão que o detém.

K. H.

Julho

CORAGEM

Sede bravos em prol da Verdade e da Fraternidade, e estaremos convosco através das idades. (VII)

1. O que eu quis expressar por "Guarda Avançada" é que, ao contemplar a magnitude da tarefa a ser empreendida pelos vossos voluntários teosofistas, e especialmente os numerosos agentes alinhados e a serem alinhados, em oposição, podemos bem comparar isso a um daqueles desesperados esforços contra uma esmagadora superioridade que o verdadeiro soldado sente glória em superar.

K. H.

2. Nós nunca nos queixamos do inevitável, porém tentamos fazer do pior o melhor possível.

K. H.

3. A coroa da vitória é somente para aquele que se mostra digno de usá-la; para aquele que ataca *Mara** sem ajuda e vence o demônio da luxúria e das paixões terrenas; e não somos *nós* e sim ele próprio quem a coloca em sua fronte.

K. H.

4. Não foi frase vazia do *Tathagata* ao dizer: "aquele que domina o *Eu* é maior do que aquele que vence milhares de indivíduos na batalha"; não há luta mais difícil. Se assim não fosse, o Adep-

* Na mitologia budista, um demônio da tentação, um sedutor. (N. ed. bras.)

tado seria conquista de pouca valia.

K. H.

5. Ao trilhardes vosso espinhoso caminho, eu vos digo ainda: *coragem* e *esperança.*

K. H.

6. Como o "verdadeiro homem" de Carlyle, que não se deixa seduzir pelo descanso, "a dificuldade, a abnegação, o martírio e a morte são incentivos para a ação", durante as horas de prova, no coração do verdadeiro *chela.*

K. H.

7. Não duvideis, pois, que o complexo da dúvida enerva e atrasa o progresso.

K. H.

8. É verdadeira virilidade aceitar-se valorosamente a nossa participação no carma coletivo do grupo com o qual se trabalha, e não se deixar irritar e ver os outros com cores mais negras que as da realidade ou lançar toda a culpa em algum "bode expiatório", como vítima especialmente escolhida.

K. H.

9. Não vos deixeis empolgar por apreensões quanto ao mal que

possa acontecer se as coisas não andarem como vossa mundana sabedoria pensa que deveriam andar.

K. H.

10. Um discípulo aceito não fica isento de tentações, provas e experiências.

M.

11. B. é um homem honesto e de coração sincero, além de possuir tremenda coragem moral e ser um mártir com proveito. Nosso K. H. ama os homens assim.

M.

12. Possuir alegre confiança e esperança é inteiramente diferente de dar largas ao cego otimismo do tolo; o homem sábio nunca luta previamente contra o infortúnio.

K. H.

13. Que a fé e a coragem que vos sustiveram até agora, perdurem até o fim.

K. H.

14. Feliz aquele que atravessa o grande golfo existente entre *si próprio* e *nós* – desassombrado quanto à dúvida e liberto da mácula da suspeita.

M.

15. Agora tu, meu *chela,* escolhe e toma em mãos teu próprio destino.

M.

16. Visto ser cada um de nós o criador e produtor das *causas* que levam a tais ou quais *resultados,* compete-nos colher apenas aquilo que semeamos. *Nossos* chelas *só são ajudados quando estão inocentes nas causas que os levam à perturbação,* quando tais causas são geradas por influências estranhas e externas. A vida e a luta pelo Adeptado seriam muito fáceis, se tivéssemos sempre varredores atrás de nós a limpar os *efeitos* por nós gerados

em nossa inconsideração e presunção.

K. H.

17. Coragem, fidelidade, veracidade e sinceridade obtém sempre nossa recompensa.

K. H.

18. Coragem, portanto, vós todos que pretendeis ser guerreiros da divina e única Verdade; avançai valorosa e confiantemente; poupai vossa força moral, não a desperdiçando em ninharias, mas guardando-a para as grandes ocasiões.

K. H.

19. "Ousar, querer, agir e calar" é nossa divisa, como a de todo Cabalista e Ocultista.

K. H.

20. Ofereceis vossos serviços; bem! Desejais consagrar tempo, arcar com despesas e correr riscos pela NOSSA causa. Bem, ela é a causa da humanidade, da verdadeira religião, da educação, da iluminação e, naturalmente, da elevação espiritual. Ela necessita de missionários, devotos, agentes e talvez até mesmo de mártires. Não posso, porém, exigir de *ninguém* que se torne alguma dessas coisas. Se a tal alguém se

resolver – bem; bem para o mundo e bem para ele próprio.

M.

21. O fato é que, até a última e suprema iniciação, todo *chela* – e mesmo alguns Adeptos – é deixado à sua própria inventiva e deliberação. Temos que combater em nossas próprias batalhas e o adágio familiar "o Adepto *torna-se tal,* não é *feito,* é literalmente verdadeiro.

K. H.

22. "O Reino do Céu obtém-se pela força", dizem os místicos cristãos. Só à mão armada e disposto a vencer ou perecer pode o

místico moderno ter esperança de alcançar seus objetivos.

K. H.

23. Aqueles que têm acompanhado a humanidade, através dos séculos neste ciclo, viram constantemente repetirem-se os detalhes desta luta mortal entre a Verdade e o Erro. Alguns de vós, teosofistas, são agora feridos apenas em sua "honra" ou em suas bolsas, porém os que empunharam a lâmpada nas gerações precedentes pagaram com suas vidas o preço de seu conhecimento.

K. H.

24. Aquele que se preocupa com a opinião da multidão, jamais alçará vôo acima da turba.

S.

25. Deveis, porém, lembrar-vos de que estais numa dura escola e labutando agora num mundo inteiramente diferente do vosso. Tendes especialmente de conservar em mente que a mais leve *causa* produzida, embora inconscientemente, e seja qual for seu motivo, não pode ser desfeita nem os efeitos detidos em seu progresso, nem mesmo por um milhão de Deuses, demônios e homens combinados.

K. H.

26. Silêncio, discrição e coragem. Minhas bênçãos pairam sobre a tua cabeça, meu bom e fiel filho e *chela*.

M.

27. No entanto, fostes informado de que o caminho das Ciências Ocultas tem de ser trilhado laboriosamente e percorrido com perigo de vida; de que cada novo passo que nele se dá em direção à meta final está cercado de armadilhas e cruéis espinhos; de que o peregrino que por ele se aventura, tem primeiro que defrontar e *vencer* as mil e uma fúrias que se erguem vigilantes em seus adamantinos portais e en-

tradas, – fúrias denonominadas Dúvida, Ceticismo, Escárnio, Ridículo, Inveja e, finalmente, Tentação – especialmente esta última; e de que aquele que pretende enxergar para além, tem primeiro que demolir esta parede viva; e que tem de possuir coração e alma blindados em aço e uma infalível e férrea determinação, sendo, apesar disso, meigo, gentil e humilde, com a alma fechada a todas as paixões humanas conducentes ao mal. Sereis vós tudo isso?

K. H.

28. Não vos permitais o desânimo. Coragem meu bom amigo, e lem-

brai-vos de que estais vos desembaraçando, ao ajudá-la, de vossa própria retribuição perante a lei, pois mais de um cruel dardo que ela recebe é devido à amizade de K. H. por vós e por utilizá-la ele como meio de comunicação. Porém coragem!

M.

29. Jovem amigo, estudai, preparai-vos e, especialmente, *dominai vosso nervosismo.* Aquele que se torna escravo de qualquer fraqueza física, jamais se assenhoreará, mesmo dos poderes inferiores da natureza.

K. H.

30. Se sois incapaz de passar pela vossa primeira prova e de afirmar vossos direitos de futuro Adepto, forçando as circunstâncias a se curvarem perante vós, estais totalmente incapacitado para quaisquer experiências probatórias ulteriores.

M.

31. Irmão meu: é uma pesada tarefa para vós, porém vossa devoção e desinteressado zelo pela Causa da Verdade vos sustentarão e fortalecerão. Mantende-vos corajoso e paciente, Irmão e (...) avante!

S.

Agosto

INTUIÇÃO

Usa o poder de tua vontade e que a bênção da Verdade e da Divina Presença Dele, o Inescrutável, seja contigo e te ajude a abrir a intuição.

S.

1. Realmente, jamais foi intenção dos ocultistas esconderem o que têm escrito aos estudantes resolutos e ardorosos; quiseram, porém, por segurança, encerrar seus ensinamentos numa segura caixa fechada, cuja chave é a intuição.

K. H.

2. Deixai vosso *Atma** elaborar vossas intuições.

S.

3. O ideal Espiritual só pode ser penetrado através da imagina-

* Na tradição hinduísta, representa o espírito. (N. ed. bras.)

ção, que é o caminho conducente e o primeiro portal para as concepções e impressões do *Atma* terreno.

S.

4. Que vossa ciência exata, tão orgulhosa de suas conquistas e descobertas, se lembre de que as suas maiores hipóteses – quero dizer, as que atualmente se tornaram *fatos* e verdades inegáveis – foram todas adivinhadas, e resultado da inspiração espontânea (ou intuição) – jamais da dedução científica.

K. H.

5. Ouve teu próprio conselho e crê em tuas melhores intuições.

K. H.

6. Aprende, criança, a *acatar uma sugestão seja qual for o agente por cujo intermédio ela te venha.* "Sermões podem ser pregados até mesmo pelas pedras".

K. H.

7. É sobre a serena, plácida e não encapelada superfície da mente que as visões colhidas do invisível encontram representação neste mundo visível. De outro modo, em vão buscareis essas visões, esses lampejos de luz súbita que

vos ajudaram a resolver tantos dos problemas menores, e os únicos que podem trazer a Verdade aos olhos da alma. Devemos conservar com zeloso cuidado a placidez de nossa mente no meio de todas as influências adversas que diariamente surgem em nossa passagem na vida terrena.

K. H.

8. A esta altura já deveríeis ter aprendido nosso modo de agir. *Nós* aconselhamos, jamais *ordenamos*. Influenciamos, porém, os indivíduos.

M.

9. Infortunadamente, por grande que seja vosso intelecto *humano*, vossas intuições espirituais são fracas e nebulosas por nunca terem sido desenvolvidas.

K. H.

10. As boas resoluções são quadros de boas *ações*, pintados pela mente: fantasias, sonhos diários, são murmúrios de *Buddhi* ao *Manas*. Se as encorajarmos não se esvairão qual miragem evanescente no deserto de *Shamo*; fortificar-se-ão, porém, cada vez mais até que toda a nossa vida se torne expressão e prova externa do divino motivo interior.

K. H.

11. *Nossos* caminhos não são os vossos. Raramente evidenciamos quaisquer sinais externos pelos quais tenhamos de ser reconhecidos ou pressentidos.

K. H.

12. A suprema energia reside em *Buddhi;* latente, quando soldada ao *Atma* isolado, ativa e irresistível quando galvanizada pela *essência* de *Manas* e quando nenhuma das escórias deste último se mescla com a pura essência, fazendo-a descer com o peso da sua natureza finita. *Manas,* puro e simples, é de grau inferior e terrenamente da terra.

K. H.

13. Se tiverdes um pouco de intuição, descobrireis a *causa* e o *efeito* e talvez verifiqueis *de onde* provém o fracasso.

K. H.

14. Escolhei de acordo com a vossa melhor luz.

K. H.

15. O grau de diligência e zelo com que o estudante busca o significado oculto é geralmente o teste do grau de sua habilitação para a posse do sepultado tesouro.

K. H.

16. Aprendei primeiro nossas leis e educai vossas percepções, caro

Irmão. Controlai vossos poderes involuntários, desenvolvei vossa vontade na direção correta, e vos tornareis instrutor em vez de estudante.

K. H.

17. O Real Conhecimento (...) não é um estado mental e sim um estado espiritual que implica plena união entre o Conhecedor e o Conhecido.

K. H.

18. Se, deixando de parte toda idéia preconcebida, pudésseis experimentar e impregnar-vos desta profunda verdade de que o intelecto não é em si todo-poderoso;

que para se tornar um "deslocador de montanhas" tem ele primeiro que receber vida e luz de seu princípio superior – o Espírito – e depois fixásseis vossos olhos em tudo que é espiritualmente oculto, procurando desenvolver a faculdade de acordo com as regras, então, dentro em pouco, leríeis corretamente o mistério.

K. H.

19. Aprendei do *Mahatma Morya* que as faculdades espirituais exigem instrução e regulamento, mais ainda do que os nossos dons mentais, pois o intelecto abebe-

ra-se muito mais facilmente do mal do que do bem.

K. H.

20. Intuitivo como naturalmente sois, o *chelado* é para vós quase integralmente um brinquedo.

K. H.

21. A verdade é que, enquanto o neófito não atinge a condição necessária para o grau de Iluminação para o qual e pelo qual está habilitado e preparado, a maioria dos segredos, *se não todos,* é incomunicável (...). A iluminação *deve vir do interior.*

K. H.

22. Nossa maior dificuldade é ensinar os discípulos a não se deixarem enganar pelas aparências.

M.

23. Pode-se fazer trabalhar a mente com rapidez elétrica em alta excitação; *Buddhi*, porém, jamais. A calma deve sempre reinar em sua clara região.

K. H.

24. Aproveitai o melhor possível a presente oportunidade favorável de vos melhorardes intelectualmente e, ao mesmo tempo, desenvolverdes vossas intuições.

K. H.

25. Não possuís a fé necessária para permitir à vossa vontade insurgir-se num desafio e com desprezo contra o vosso intelecto, puramente mundano, para proporcionar-vos melhor entendimento das coisas ocultas e leis desconhecidas.

K. H.

26. Como distinguireis o real do irreal, o verdadeiro do falso? Só pelo autodesenvolvimento. Como alcançá-lo? Em primeiro lugar precavendo-vos contra as causas de autodecepção. Isso podereis fazer consagrando certa hora ou horas fixas, de cada dia, completamente isolado, à auto-

contemplação, a escrever, a ler, à purificação de vossas motivações, ao estudo e à correção de vossas falhas, ao planejamento do vosso trabalho na vida externa (...). Pouco a pouco vossa visão clareará e vereis dissiparem-se os nevoeiros, fortificarem-se vossas faculdades interiores, ganhar força a vossa atração em direção a nós e a certeza tomar o lugar das dúvidas.

K. H.

27. Parece que valeria a pena submeter à prova a intuição dos membros da vossa Loja de Londres – pelo menos de alguns de-

les – expondo-lhes, pela metade e por vosso intermédio, um ou dois mistérios, e deixando que eles próprios lhes completem o encadeamento.

K. H.

28. Procurai compreender, não com a preconcebida mente ocidental, porém com o espírito de intuição e verdade.

K. H.

29. É regra de ferro que, sejam quais forem os poderes, tem o próprio indivíduo que os adquirir. Todos os poderes da natureza estão diante de vós; *tomai os que puderdes.*

K. H.

30. Nós (...), acostumados a acompanhar o pensamento de nosso interlocutor ou correspondente, antes do que as palavras com que o veste, geralmente pouco nos preocupamos com a exatidão de suas expressões.

M.

31. Não julgueis pelas aparências, pois desse modo podereis fazer grande mal e perder vossa chance pessoal de aprender mais. Permanecei alerta e vigiai.

K. H.

Setembro

TOLERÂNCIA

Tornai a Teosofia uma força viva em vossas vidas e, pelo exemplo que derdes, essas distinções de classe e casta que, por tanto tempo acalentaram o ódio e a miséria, em época não muito distante chegarão a ser apenas diferenças de função no serviço comum da família-nação e da Fraternidade Mundial.

M.

1. Ninguém tem o direito de arrogar-se autoridade sobre um discípulo ou sua consciência. Não lhe perguntei em que acredita (...). A onda avançada do progresso intelectual deve ser captada e guiada para a Espiritualidade. Não pode ser compelida a crenças e ao culto emocional.

K. H.

2. Sede tolerante com os outros, respeitai-lhe as opiniões religiosas se quiserdes que as vossas sejam respeitadas.

K. H.

3. Desembaraçadas e libertas do peso morto de interpretações

dogmáticas, de nomes pessoais, de concepções antropomórficas e sacerdotes assalariados, as doutrinas fundamentais de todas as religiões evidenciam-se idênticas em seu significado esotérico. Osíris, Krishna, Buddha e Cristo se revelarão como nomes diferentes de uma e mesma superestrada real que conduz à beatitude final – o Nirvana.

O MAHA CHOHAN

4. Tomai cuidado em não procurardes impor vossos padrões de vida e convicções aos demais. Ajudai-os a alcançar seus próprios padrões, a obter suas próprias convicções, sejam elas

quais forem, desde que sirvam de estímulo a uma vida mais nobre. (VII)

5. *Não recusamos ninguém.* "Esferas em que se pode ser útil" encontram-se por toda a parte.

K. H.

6. Não sejais demasiado severo quanto aos méritos ou deméritos de alguém que procure admissão em vossas fileiras, pois a verdade a respeito do estado atual do homem interno só pode ser conhecida e tratada com justiça pelo Carma. (VIII)

7. Não desdenheis a opinião do mundo, nem lhe provoqueis, inutilmente, uma crítica injusta. (VIII)

8. Não evidencieis a disparidade entre a pretensão e a ação de outro homem; antes ajudai-o, seja ele vosso irmão ou vosso próximo, no árduo caminho da vida. (VIII)

9. A Teosofia, portanto, espera e exige dos Membros da Sociedade uma grande tolerância mútua e caridade pelas faltas recíprocas e um cordial auxílio mútuo na busca das verdades em todos os departamentos da natureza, quer morais quer físicos. E esse pa-

drão de ética deve ser invariavelmente aplicado à vida diária. (VIII)

10. Aqueles que tentam, no caminho da vida, seguir sua *luz interna,* jamais serão vistos julgando e menos ainda condenando os mais fracos do que eles. (VIII)

11. Que dentro da Sociedade seja real a Fraternidade para a qual ela existe. Já basta de divisões que separam. Que subsistam apenas as distinções que enriquecem. Respeitai a todos que divergirem de vós. Que vossa Fraternidade esteja imune, isto é, acima das diferenças de opinião,

como já o está tão esplendidamente acima das distinções de raça, credo, casta, sexo e cor. (VII)

12. A Europa é grande, porém o mundo é maior. O sol da Teosofia deve brilhar para todos, não para uma parte apenas. Esse movimento é mais amplo do que o que pudestes vislumbrar, e o trabalho da S. T. está vinculado ao trabalho similar que secretamente prossegue em todas as partes do mundo.

M.

13. Apoiai todo o trabalho e movimento do mundo exterior, que

apoie a fraternidade. Considerai menos o que eles realizam e mais os ideais que o corporificam. (VII)

14. Não pedimos aos membros da Sociedade em seu conjunto que sustentem algo em comum salvo o primeiro e grande objetivo sob cuja égide Nós os recebemos neste recinto externo do Nosso Templo. (VII)

15. Desviai sempre vossos olhares da imperfeição do próximo e centralizai de preferência a atenção nas vossas próprias faltas a fim de as corrigir e vos tornardes mais sábios. (VIII)

16. A Teosofia tem que combater a intolerância, o preconceito, a ignorância e o egoísmo, ocultos sob o manto da hipocrisia. Deve projetar do facho da Verdade, confiado aos seus servos, toda a luz que puder. Deve executar isso sem receio ou hesitação, sem temer reprovação ou condenação. (VIII)

17. Sabe, meu amigo, que em nosso mundo, embora usando métodos diferentes, jamais nos poderemos opor a *princípios de ação;* e a mais ampla e prática aplicação de idéia da Fraternidade da Humanidade não é incompatível com o vosso sonho de estabele-

cer um núcleo de pesquisadores científicos, honestos e de boa reputação, que façam da S. T. uma organização ponderável aos olhos da multidão, e sirvam de escudo contra o feroz e idiota ataque dos céticos e materialistas.

K. H.

18. Não incidais em comparações não fraternais entre a tarefa executada por vós e o trabalho deixado por fazer por vosso próximo ou vosso irmão, no campo da Teosofia, *pois ninguém é obrigado a semear uma área de terreno maior do que lho permitem a sua força e capacidade.* (VIII)

19. Como então foi nosso desejo significar-vos que se poderia ser membro ativo e útil da Sociedade sem se inscrever como nosso seguidor ou correligionário, assim é *agora.*

K. H.

20. A S. T. objetivou ser a pedra angular das futuras religiões da humanidade. Para cumprir este objetivo, aqueles que a dirigem devem deixar de parte suas pequenas predileções por formalidades e cerimônias de qualquer credo particular e mostrarem-se verdadeiros teosofistas, tanto no pensamento interno como na observância exterior.

K. H.

21. Não sereis bastante homem do mundo para suportar os pequenos defeitos dos vossos jovens discípulos? A seu modo eles também ajudam – e muito.

M.

22. Depois tereis em mira, naturalmente, provar que essa Teosofia não é nenhum candidato novo à atenção do mundo, mas apenas uma reafirmação de princípios reconhecidos desde a própria infância da humanidade.

K. H.

23. A Sociedade Teosófica foi escolhida como pedra fundamental e alicerce das futuras religiões da humanidade. Para atingir o

objetivo proposto, foi determinada uma maior, mais sábia e, sobretudo, mais benevolente entremescla do alto e do baixo, do Alfa e do Ômega das classes sociais. A raça branca deve ser a primeira a estender a mão fraternal às nações escuras, a chamar "irmão" ao pobre negro desprezado. Essa perspectiva pode não sorrir a todos, porém não será teosofista aquele que puser embargos a esse princípio.

O MAHA CHOHAN

24. Como foi dito antes, nenhum teosofista deveria censurar um irmão, dentro ou fora da associação, lançar mácula sobre suas

ações ou acusá-lo, se não quiser perder o direito de ser considerado teosofista. (VIII)

25. Verificar-se-á que o Cristianismo Místico, ou seja, o Cristianismo que ensina a auto-redenção por meio de nosso sétimo princípio – o liberto *Para-Atma (Augoeides)*, chamado por alguns Cristo, por outros *Buddha*, e equivalente à regeneração ou renascimento em espírito – corresponde exatamente à mesma verdade que o Nirvana do Budismo.

O MAHA CHOHAN

26. Lembrai-vos de que sois teosofistas e que a Teosofia, ou *Brahma Vidya,* é a mãe de toda antiga religião, por desamparada e repudiada que esteja agora pela maior parte de seus ingratos filhos. Recordai isso, agi de acordo e o resto virá a seu devido tempo.

K. H.

27. Se todos os membros tomassem por divisa as sábias palavras de um jovem, mas fervoroso teosofista, e repetissem com B. K.: "Antes de ser inglês sou teosofista", inimigo algum perturbaria a vossa Sociedade.

K. H.

28. Bem fizestes em ver "grandes propósitos" nos pequenos fundamentos da S. T. Naturalmente, se tivéssemos nos incumbido de fundá-la e dirigi-la *in propria persona,* muito provavelmente ela teria conseguido mais e cometido menos erros; porém não poderíamos fazer isso nem esse era o plano; aos nossos dois agentes, foi cometida essa tarefa deixando – como a vós agora – que eles fizessem o melhor que pudessem de acordo com as circunstâncias ocorrentes.

K. H.

29. Todo teosofista ocidental deveria aprender e recordar, especi-

almente aqueles que pretendem ser nossos seguidores, que em nossa Fraternidade todas as pessoas imergem numa só idéia – direito abstrato e prática absoluta da justiça para todos.

K. H.

30. Se quiserdes aprender a adquirir Conhecimento Oculto, tendes, amigo, de vos lembrar de que tal ensino abre na torrente do *chelado* muitos canais imprevistos, a cujas correntes mesmo um *chela* laico tem forçosamente que ceder sob pena de encalhar em bancos de areia; e, sabendo disso, abster-vos para sempre de julgar pelas meras aparências.

K. H.

Outubro

AUTOCONFIANÇA

Forçai quaisquer dos "Mestres" que escolherdes; executai boas ações em seu nome e por amor à humanidade; sede puro e resoluto na senda da retidão (tal como se acha exposto em *nossas* regras); sede honesto e desinteressado; esquecei vosso eu para vos lembrardes do bem de outrem – e tereis *forçado* esse "Mestre" a aceitar-vos.

K. H.

1. A vereda da vida terrena conduz a muitos conflitos e provas, porém aquele que nada faz para vencê-las jamais pode esperar triunfo algum.

   M.

2. Deveis primeiro ajudar-vos a vós próprios e, quando o fizerdes, outro auxílio breve se seguirá.

   K. H.

3. Tenta. Procura e acharás. Pede e ser-te-á dado.

   S.

4. Eu posso aproximar-me de vós porém deveis atrair-me mediante

um coração purificado e uma vontade gradualmente desenvolvida. Como a agulha imantada, o Adepto segue as suas atrações.

K. H.

5. *Nós* "não exigimos mente passiva"; ao contrário, procuramos aqueles mais ativos, que podem somar dois mais dois, desde que estejam no rumo certo.

K. H.

6. Temos uma só palavra para todos os aspirantes: TENTAI.

K. H.

7. Semeai grãos sadios, escolhei o solo, e o futuro vos recompensará com inesperadas colheitas.

S.

8. *Tentai,* tentai, tentai! Diz Ele (o *Maha Sahib).*

H.

9. É sempre mais sábio trabalhar e forçar a corrente dos acontecimentos do que aguardar a ação do tempo.

K. H.

10. Há ainda inúmeras páginas do registro de vossa vida por escrever; brancas e limpas elas estão. Rebento de vossa raça e de vos-

sa era, tomai a pena diamantina e enchei-as com a história de nobres ações, dias bem gastos, anos de santa luta. Assim, ganhareis vossa senda, sempre ascendente, para os planos superiores da consciência espiritual.

K. H.

11. Sede paciente e de bom ânimo, infatigável obreiro da sagrada Fraternidade. Avante no trabalho, afadigai-vos também por vós mesmo, pois a autoconfiança é o mais poderoso fator do êxito.

S.

12. Cegos os que vêem e não percebem. Lento é o seu carma; porém que Mestres podem ajudar ou ajudarão aqueles que recusam ajudar-se a si próprios?

M.

13. Aquele que nos procura, encontra-*nos*. TENTAI.

S.

14. Nada posso fazer a não ser que me ajudeis, ajudando-vos a vós próprio. Esforçai-vos por verificar que em Ocultismo o indivíduo não pode retroceder nem parar. Um abismo se abre atrás de cada passo dado para a frente.

K. H.

15. Que aqueles que realmente desejam aprender *abandonem tudo* e venham até nós, em lugar de nos pedirem ou esperar que vamos até eles.

K. H.

16. Cada passo dado por alguém em nossa direção, força-nos a dar outro na direção dele.

K. H.

17. Pois aquele que espera resolver em tempo os grandes problemas do Mundo Macrocósmico e vencer, face a face, o Habitante*, forçando assim, pela violência, o

---

* O Habitante do Umbral. (N. ed. bras.)

umbral além do qual estão ocultos os mais misteriosos segredos da natureza, deve primeiro pôr à prova a energia de sua Vontade, a indomável resolução de alcançar êxito, e trazer à luz as internas faculdades mentais de seu *Atma,* a mais alta inteligência, abordar os problemas da natureza humana e resolver, antes de tudo, os mistérios de seu próprio coração.

S.

18. Assim, lança tua sorte no regaço da Justiça, sem jamais temeres que sua resposta não seja absolutamente verdadeira.

K. H.

19. Um constante sentimento de abjeta dependência de uma Deidade, encarada como única fonte de poder, faz com que o homem perca toda a autoconfiança e os estímulos à atividade e iniciativa. Tendo começado por criar um pai e guia para si próprio, torna-se semelhante a um menino, e assim permanece até a idade avançada, esperando ser levado pela mão nos menores como nos maiores acontecimentos da vida.

M.

20. *Tendes* a construção de vosso futuro em vossas próprias mãos

(...) e cada dia podeis tecer sua trama.

K. H.

21. Não guiamos nunca nossos *chelas* (mesmo os mais avançados), nem os advertimos previamente, deixando que os efeitos produzidos pelas causas que eles próprios criaram, lhes ensinem pela melhor experiência.

K. H.

22. Utilizai vossa intuição, vossos poderes inatos; *tentai*, e obtereis êxito.

S.

23. Aceitar alguém como *chela* não depende de minha vontade pessoal. Só pode ser o resultado do mérito individual e dos esforços nessa direção.

K. H.

24. Se vos *exigisse* que fizésseis esta ou aquela coisa, em lugar de simplesmente vos aconselhar, seria eu o responsável por todos os efeitos que decorressem do passo dado, e a vós só caberia um mérito secundário.

K. H.

25. É pela *execução* de nobres ações, e não pela simples determinação de que serão executadas, que se

colhem os frutos dos atos meritórios.

K. H.

26. Jamais tentamos submeter à nossa a vontade de outrem. Em ocasiões favoráveis liberamos influências elevadoras que atingem várias pessoas e de diversas maneiras. É o aspecto coletivo de muitos de tais pensamentos que pode dar a nota correta da ação. Não fazemos favores.

K. H.

27. Segui as sugestões de vossa alma e entrareis no porto desejado; o tão desejado objetivo será atingido.

S.

28. Não temos o direito de influenciar o livre-arbítrio dos membros neste ou naquele assunto. Tal interferência estaria em flagrante contradição com as leis básicas do Esoterismo, de que o crescimento psíquico pessoal segue *pari passu* o desenvolvimento do esforço individual, e é a prova do mérito pessoal adquirido.

K. H.

29. *Chelas* há que, imbuídos de idéias errôneas relativamente ao nosso sistema, demasiado freqüentemente vigiam e esperam ordens, desperdiçando um tempo precioso que deveria ser aplicado ao esforço individual.

K. H.

30. Fizestes tudo que vos foi possível, e é isso que sempre esperamos de quem quer que seja.

M.

31. Não basta o vosso exemplo de uma vida pura e virtuosa e de um espírito tolerante; isso é apenas bondade passiva e para o *chelado* jamais será suficiente.

K. H.

Novembro

EQUILÍBRIO

Se, em lugar de fazerdes hoje algo que tendes a fazer, o deixardes para o dia seguinte, não será que precisamente isso, invisível e imperceptivelmente a princípio, depois forçosamente lança em confusão muitas coisas e, em alguns casos mesmo, baralha os destinos de milhões de pessoas, para o bem, para o mal, ou simplesmente em relação a uma mudança – talvez não importante em si, mas, apesar de tudo, uma *mudança?*

K. H.

1. Recordai que todo o sentimento é relativo. Não há nem *bem nem mal, felicidade nem miséria, per se.*

K. H.

2. Que as naturezas mesquinhas disputem se o quiserem; as sábias acomodam suas diferenças num espírito de mútua indulgência.

K. H.

3. Trabalhais sob a estranha impressão de que nós *podemos* cuidar e mesmo *cuidamos* do que se diga ou pense de nós. Esclarecei vossas mentes, e lembrai-vos de que o primeiro requisito, mesmo para um simples faquir, é que ele se tenha treinado a permanecer

indiferente tanto à dor moral como ao sofrimento físico. Nada NOS pode causar dor ou prazer *pessoal.*

M.

4. Esperai vossa hora, o livro de registro está bem guardado.

M.

5. Parece-vos impossível compreender que um homem pode não alimentar maus sentimentos contra vós, e que pode até vos apreciar e respeitar por algumas coisas, no entanto, pode lançar-vos em rosto o que honesta e sinceramente ele pensa de vós?

K. H.

6. Repetidamente vos haveis oferecido para *chela* e, no entanto, o primeiro dever do *chela* é ouvir sem cólera nem malícia o que porventura disser o *Guru*.

K. H.

7. A verdade prevalecerá sem a inspiração de Deuses ou Espíritos, ou melhor, prevalecerá apesar de todos eles.

K. H.

8. Lembrai-vos: a expectativa demasiado ansiosa não só é tediosa como também perigosa. Cada pulsação mais quente e mais rápida do coração gasta muita vida. As paixões e as afeições não

devem empolgar aquele que procura SABER; pois, "com seu próprio poder secreto, gastam o corpo terreno, e aquele que pretenda atingir sua meta *deve ser frio*".

K. H.

9. Ele não deve nem mesmo desejar demasiado ardente ou apaixonadamente o objetivo a alcançar; senão o próprio desejo impedirá o atingimento, ou, pelo menos, irá retardá-lo ou fazê-lo retroceder.

K. H.

10. Aproxima-te do centro da Vida (que é o mesmo no Universo e

em ti) o qual fará que não cuides de se és forte ou fraco, erudito ou ignorante.

K. H.

11. A Natureza é destituída de bondade ou maldade; segue simplesmente leis imutáveis ao proporcionar vida e alegria, ou ao produzir sofrimento e morte, destruindo o que ela criou. A Natureza tem um antídoto para cada veneno e suas leis, uma recompensa para cada sofrimento.

K. H.

12. Olha em redor de ti, meu amigo; vê os "três venenos" rugindo dentro do coração do homem – a

cólera, a cobiça e a decepção; e as cinco obscuridades – a inveja, a paixão, a vacilação, a preguiça e a descrença – impedindo-o sempre de ver a verdade.

K. H.

13. Há mais de um caminho para adquirir conhecimento oculto. "Muitos são os grãos de incenso destinados a um mesmo altar: um cai mais cedo no fogo, outro mais tarde, a diferença de tempo nada é, – fez notar um grande homem ao ser-lhe recusada a admissão e a suprema iniciação nos mistérios.

K. H.

14. Não podemos consentir em inundar o mundo, em risco de afogar os homens, com uma doutrina que só deve ser cautelosamente exposta, pouco a pouco, como tônico demasiado poderoso que tanto pode matar como curar.

K. H.

15. Só reconhecemos uma lei no Universo; a Lei de Harmonia, de perfeito EQUILÍBRIO.

K. H.

16. Permanecei indiferente tanto à censura como ao louvor daqueles que jamais podem conhecer-vos como realmente sois, e que, portanto, devem notar que não

vos abalais nem por uma nem por outra, colocando sempre a aprovação ou condenação do vosso próprio *Eu Interno* acima do julgamento das multidões. (VIII)

17. Se nosso preceito é sermos cautelosos em confidências, é porque desde o princípio nos ensinaram que cada homem é pessoalmente responsável, perante a Lei de Compensação, de cada palavra que voluntariamente profira.

M.

18. Não podemos alterar o carma, meu "bom amigo", senão poderíamos afastar a presente nuvem de vosso caminho. Fazemos, porém, tudo que é possível em tais assuntos materiais. Treva alguma pode perdurar para sempre. Tende esperança e fé e poderemos dissipá-la.

M.

19. Enquanto o indivíduo não tiver desenvolvido perfeito senso de justiça, deve preferir errar pelo lado da misericórdia antes a cometer o mais leve ato de injustiça.

K. H.

20. Procurai encher a medida de cada dia com pensamentos puros, palavras sábias e atos bondosos.

K. H.

21. Orgulhosamente pretendestes o privilégio de exercer vosso incontrolado julgamento em assuntos ocultos dos quais nada poderíeis saber e as leis ocultas, que acreditastes poder desafiar e com elas jogar impunemente, voltaram-se contra vós e vos feriram.

K. H.

22. Quem se prepara para resolver o *Infinito* deve resolver primeiro o *finito*.

S.

23. Ora, o lago dos picos da montanha do vosso ser é, um dia um jato desperdiçador de águas, quando o tufão dos caprichos e da irritação varre a vossa alma; no outro, é um espelho, quando aplacados, e a paz reina no "tabernáculo da Vida". Num dia mais um passo à frente; no outro, recuais dois. O *chelado* não admite nenhuma destas transições; sua primeira e constante qualidade é a do calmo, sereno e contemplativo estado da mente

(não passividade mediúnica), adequado a receber impressões psíquicas do exterior e a transmitir as do interior do próprio indivíduo.

K. H.

24. E sois ainda incapaz de perceber *por que* fizemos isto e aquilo? Acreditai-me que algum dia quando souberdes mais, aprendereis *que tudo isso foi engendrado POR VÓS PRÓPRIO.*

K. H.

25. Embora (...) derrameis oceanos de lágrimas e vos arrasteis no pó, isso não desviará de um fio de cabelo a balança da Justiça.

Se quiserdes recobrar o terreno perdido, fazei duas coisas: a mais ampla e completa reparação (...) e devotai vossas energias ao bem da humanidade.

K. H.

26. Os que se detêm, hesitam e são muito cautelosos antes de entrarem no espírito de um esquema inteiramente novo, geralmente são muito mais dignos de confiança do que aqueles que correm para todo novo empreendimento quais moscas para um pote de leite a ferver.

M.

27. Nós temos de vos tornar e vós tendes de vos ver *tal qual sois*, e não como a imagem humana ideal que nossa fantasia emocional projeta sempre para nós no espelho.

K. H.

28. "Auto-reverência, autoconhecimento, autodomínio. Só estas três coisas conduzem a vida ao soberano poder". Mas lembra-te ao mesmo tempo do extremo perigo da obstinação não regulada pelas três mencionadas qualidades, especialmente em se tratando de desenvolvimento espiritual.

K. H.

29. A lei de compensação pode recompensar apenas aqueles *que resistiram* aos cruéis aguilhões dos desejos terrenos. Onde não há tentação, o mérito de resistir à sua fraca voz é nulo e não pode reclamar recompensa*.

30. Por muito que sejamos capazes de fazer, só podemos prometer dar-vos na exata medida de vossos merecimentos. Merecei muito, e nos mostraremos ho-

---

* Extrato de Carta do livro *Cartas dos Mestres de Sabedoria,*, p. 190, sem assinatura, Ed. Teosófica, 1996. (N. ed. bras.)

nestos devedores; merecei pouco, e só podereis esperar uma compensação correspondente.

K. H.

Dezembro

PERSEVERANÇA

Enquanto perseverar, ele me encontrará pronto para ajudar.

M.

1. Os germens crescerão, Irmão meu, e ficareis surpreendido. Paciência, Fé, Perseverança.

S.

2. Lembra-te de que esforço algum jamais é perdido, e que para o ocultista não há passado, presente nem futuro e sim um Eterno Agora.

K. H.

3. Perseverai, e quer estejais ou não "na trilha certa", se fordes sincero, obtereis êxito, pois eu vos ajudarei.

K. H.

4. Assim, passo a passo, e após uma série de castigos, é o *chela* instruído, por amarga experiência, para suprimir e encaminhar seus impulsos; ele perde sua precipitação, sua presunção e jamais reincidirá nos mesmos erros.

K. H.

5. Até agora estou satisfeito com vosso esforço. Perseverai e instruí.

K. H.

6. O conhecimento para a mente, como o alimento para o corpo, destinam-se a nutrir e ajudar a crescer; precisam, porém, ser bem digeridos, e quanto mais

completo e lento o processo, melhor, tanto para o corpo como para a mente.

M.

7. Suportai o mundo e aqueles que vos rodeiam. Sede paciente e verdadeiro convosco mesmo (...) Seja o que for que aconteça, sabei que vos estou vigiando.

K. H.

8. Quereis abarcar demasiado conhecimento de uma só vez, meu caro amigo; não podeis atingir de um salto todos os mistérios.

K. H.

9. A tarefa para toda a vida a que escolhestes e, de certo modo, em vez de generalizar, inclinai-vos sempre a deter-vos em detalhes, evidentemente os mais difíceis para um principiante.

M.

10. Assim, pouco a pouco, o que agora é incompreensível, tornar-se-á evidente por si mesmo; e muitas frases de significado místico brilharão ainda ante os olhos de vossa Alma, como que em transparência, iluminando as trevas de vossa mente. Tal o curso do progresso gradual.

K. H.

11. Permiti-me apenas aconselhar-vos; o que quer que fizerdes, *não pareis no meio do caminho:* pode isso ser-vos desastroso.

K. H.

12. Conheceis nossa divisa e sua aplicação prática apagou a palavra "impossível" do vocabulário ocultista. Se ele não se fatiga no esforço, pode chegar à descoberta do mais nobre de todos os fatos: seu verdadeiro *Eu.*

K. H.

13. Grande homem é aquele que é forte na prática da paciência.

K. H.

14. Deixai, pois, que a antecipação de uma introdução mais plena em nossos mistérios, sob circunstâncias mais adequadas, cuja criação depende *inteiramente de vós próprio,* vos inspire paciência para esperar, perseverança para ir avante e plena preparação para receberdes a consumação feliz de todos os vossos desejos.

M.

15. Se tivésseis vindo a mim aos 17 anos, antes que o mundo pousasse sua pesada mão sobre vós, vossa tarefa teria sido vinte vezes mais fácil.

K. H.

16. Por quais melhores caminhos para a iluminação lutareis do que a diária conquista do Eu, a perseverança, a despeito da falta de progresso psíquico visível, o suportar a má sorte com aquela serena fortaleza que a transforma em vantagem espiritual?

K. H.

17. Não esqueçais as palavras que certa vez vos escrevi (...) "*a respeito dos que se empenham nas ciências ocultas,* quem o fizer tem que alcançar a meta ou *perecer*".

K. H.

18. Nenhum esforço jamais é perdido, cada causa deve produzir seus efeitos. O resultado pode variar de acordo com as circunstâncias inerentes à causa.

K. H.

19. Ele (*o chela*) é livre e não obrigado a usar palavras e expressões, mais abusivas, relativamente às ações e ordens do seu *Guru*, desde que saia vitorioso da prova de fogo; desde que resista a todas as tentações; repila todo engodo e prove que nada, nem mesmo a promessa daquilo que tem por mais caro que a vida – a preciosíssima dádiva do seu futuro Adeptado – é capaz de o fazer

desviar do caminho da verdade e da honestidade, ou forçá-lo a tornar-se um *enganador*.

K. H.

20. Não temais, não desfaleçais, sede fiel ao ideal que podeis agora debilmente vislumbrar.

K. H.

21. Uma vez que se tenha enveredado airosamente pelo caminho que leva ao grande Conhecimento, duvidar é arriscar-se à insanidade; chegar a um ponto morto é cair; recuar é dar uma cambalhota para trás, de ponta de cabeça no abismo. Não temais

enquanto fordes sincero e o sois *agora.*

K. H.

22. Procurai ardentemente a Verdade e a Luz, e aprendei a segui-las a todo o custo quando as encontrardes. (VII)

23. Por pouco que vos pareça alcançar psiquicamente nesta existência, lembrai-vos de que o vosso crescimento interior prossegue a todo o instante e que para o fim de vossa vida, assim como em vossa próxima existência, vosso mérito acumulado vos trará tudo aquilo a que aspirais.

K. H.

24. Deixai-a cumprir seu dever para com a Sociedade, sede leal aos seus princípios e tudo mais virá a seu tempo.

K. H.

25. Meu irmão, compreende que os germens, uma vez semeados, devem ser entregues a si próprios e à Natureza; qualquer mão demasiado impaciente que neles interfira, diariamente tentando ajudar seu crescimento, puxando-os para cima, e não os deixando quietos, é mais que provável que os leve a fenecer, secar e morrer para sempre.

S.

26. Quão poucos, dos muitos peregrinos que têm de aventurar-se sem mapa ou bússola por esse Oceano sem praias do Ocultismo, alcançam a terra desejada!

K. H.

27. Lembrai-vos: é pelo fato de estarmos jogando uma partida arriscada, cujos marcos são almas humanas, que vos solicito conservardes a vossa alma plena de paciência. Tendo em mente que tenho de olhar pela vossa "Alma" e pela minha também, é que me proponho a fazer isso a todo o custo, mesmo com o risco de não ser entendido por vós.

K. H.

28. Não ansieis demasiado por "instruções". Sempre tereis as de que necessitardes, à medida que as merecerdes, porém não mais do que as merecerdes e puderdes assimilar.

K. H.

29. Depois, o conhecimento só pode ser comunicado gradualmente: e alguns dos mais altos segredos – se efetivamente formulados, mesmo ao vosso bem preparado ouvido – poderiam soar-vos como um louco tartamudear (...). Essa é a causa real de nossas reticências.

K. H.

30. Aos olhos dos "Mestres" ninguém está jamais "inteiramente condenado". Assim como a jóia perdida pode ser recuperada sendo retirada das profundezas da lama do tanque, assim também pode o mais abandonado desvencilhar-se por si mesmo do lodo do pecado desde que a Gema das Gemas, o cintilante gérmen de *Atma,* se desenvolva. Cada um de nós deve fazer *isso* por si mesmo e todos o *podem,* desde que o queiram e perseverem.

K. H.

31. Vosso progresso espiritual é muito maior do que vos é dado saber

ou perceber e bem fazeis em acreditar que tal desenvolvimento é, *em si mesmo,* mais importante do que a sua percepção pela vossa consciência no plano físico.

K. H.

Mais informações sobre Teosofia e o Caminho Espiritual podem ser obtidas escrevendo para a Sociedade Teosófica no Brasil no seguinte endereço: SGAS, Quadra 603, Conj. E, s/n°, CEP 70.200-630 Brasília, DF. O telefone é (61) 226-0662. Também podem ser feitos contatos pelo telefax (61) 226-3703 ou e-mail: st@stb.org.br.

A Chave Para a Teosofia

H.P. Blavatsky

Esta é uma obra clássica, em que a autora faz, em forma de perguntas e respostas, uma exposição geral sobre a filosofia esotérica e a sabedoria divina. H.P.B. explica neste clássico o que é a Teosofia e aborda os mistérios do homem, o ciclo da vida e da morte (os estados *post-mortem)*, e o estudo de religiões comparadas, filosofia e ciência.

Cartas dos Mahatmas Para A.P. Sinnett

Escritas pelos Mahatmas M. e K.H. Transcritas e Compiladas por A.T. Barker

Diversas religiões da humanidade preservam uma tradição segundo a qual uma coletividade de grandes sábios inspira e conduz, silenciosamente, a nossa humanidade no caminho da paz e da sabedoria. Dois destes Adeptos envolveram-se de modo direto e específico no esforço teosófico. A presente edição reúne, em 2 volumes, a correspondência entre estes instrutores e Alfred Sinnett, um dos principais líderes teosóficos dos primeiros tempos.